El gemelo diurno y la gemela nocturna

Escrito por Alan Trussell-Cullen

Ilustrado por Francis Phillipps

Dominie Press, Inc.

Director General: Raymond Yuen
Editor Ejecutivo: Carlos A. Byfield
Diseñador: Greg DiGenti
Ilustrador: Francis Phillipps

Derechos de autor del texto © 2003 Alan Trussell-Cullen
Derechos de autor de las ilustraciones © 2003 Dominie Press, Inc.

Derechos reservados. La reproducción o transmisión total
o parcial de esta obra, sea por medio electrónico, mecánico,
fotocopia, cinta magnetofónica u otro sin el consentimiento
expreso de los propietarios del copyright está prohibida al
amparo de la legislación de derechos de autor.

Publicado por:

Dominie Press, Inc.
1949 Kellogg Avenue
Carlsbad, California 92008 EE.UU.

www.dominie.com

1-800-232-4570

Cubierta de cartón ISBN 0-7685-2824-0
Impreso en Singapur por PH Productions Pte Ltd
1 2 3 4 5 6 PH 05 04 03

Contenido

Capítulo 1
¡Esto es inaceptable! 5

Capítulo 2
La cobija nocturna 10

Capítulo 3
Un parche 16

Capítulo 1
¡Esto es inaceptable!

Hace mucho tiempo, cuando todo era nuevo, el mundo como lo conocemos hoy en día estaba vacío, excepto por dos gigantes. Se llamaban Dawi y Nawi. Y aunque eran gemelos, eran muy diferentes.

A Dawi le gustaba estar en actividad.

No podía quedarse en su sitio. Tenía una pala gigante. Miró la Tierra plana y vacía y dijo: "¡Esto es inaceptable!".

Así que tomó su pala gigante y comenzó a excavar hoyos profundos. Y la tierra que sacaba de los hoyos formaba pilas gigantes. Los hoyos se llenaban de agua y formaban lagos y océanos. Las pilas de tierra se hacían cada vez más grandes y formaban colinas y montañas.

A Nawi, sin embargo, le gustaba crear cosas. Le gustaba hacer cosas pequeñas y delicadas. Tenía una canasta de costura gigante que contenía un par de tijeras gigantes y una aguja y alfileres y una pelota enorme de hilo invisible. Miró la tierra desnuda y vacía y dijo: "¡Esto es inaceptable!".

Así que tomó su canasta de costura gigante y empezó a recortar las formas de las hojas, flores y árboles. Entonces tomó su aguja gigante y su hilo invisible y los cosió para hacer todas las cosas que viven y crecen en

la Tierra.

A Nawi y Dawi les gustaba trabajar en cooperación. Dawi admiraba los árboles y las flores que su hermana había hecho, así que tomó su pala y aplanó algunas montañas para formar llanuras y praderas para ellos. Cavó zanjas en las llanuras y praderas para proveer agua que ayudara a desarrollar los árboles y las flores. Estas zanjas se convirtieron en ríos y arroyos.

Nawi admiraba tanto las montañas, los lagos y los océanos de su hermano que hizo árboles y flores especialmente para ellos. Para las montañas hizo árboles de raíces fuertes que pudieran permanecer verticales. Para los océanos, hizo plantas subacuáticas y árboles que pudieran crecer en agua de mar. Y aún en lugares donde no había ríos, hizo flores que no necesitaban mucha agua para crecer.

Cada uno admiraba el trabajo del otro, pero había un aspecto en el que no estaban de acuerdo.

En aquellos días, el sol brillaba todo el tiempo. No existía la noche, sólo el día. Así que cuando Dawi y Nawi se sentían cansados, se acurrucaban en el suelo y se dormían.

El único problema era que a Nawi le era difícil dormir bajo el sol.

Capítulo 2
La cobija nocturna

"No puedo dormir con tanta luz. Quiero que oscurezca", decía Nawi.

"Pero hermana", decía Dawi, "A mí me gusta dormir con luz a mi alrededor. No me gusta la oscuridad. Me asusta".

Nawi no quería enfadar a su hermano,

pero tampoco quería desvelarse. Trató de dormir bajo la sombra de sus árboles altos, pero aún así había demasiada luz solar. Trató de dormir en las sombras oscuras de las montañas, pero todavía había demasiada luz solar.

Un día, Nawi decidió que ya no soportaba dormir bajo la luz del brillante sol. Sacó su canasta de costura gigante y bordó un pedazo de tela negra enorme. La llamó su "cobija nocturna".

Cuando la terminó, no se la mostró a su hermano. Sabía que a él le asustaba la oscuridad y que ni siquiera le gustaría ver esa tela.

Al principio, ella trató de dormir sólo cubriéndose ella, pero descubrió que la tela se calentaba demasiado cuando el sol le caía directamente.

Así que suspiró y le dijo: "Lo siento", a su

hermano que estaba dormido. "Pero necesito poder dormir".

Tomó la cobija nocturna y la colgó para que la cubriera a ella, a su hermano y al mundo entero. Entonces se acurrucó y se durmió.

Dawi se despertó sobresaltado cuando el sol ya no le daba. Vio la cobija nocturna y se puso furioso. Despertó a Nawi.

"Sabes que no puedo dormir en la oscuridad. ¡Me pone nervioso! Necesito luz".

Pero Nawi dijo: "Sólo coloco la cobija nocturna cuando quiero dormir. Todavía hay luz cuando me despierto. Sabes que no puedo dormir bajo la luz. Necesito oscuridad".

Pero eso no era suficiente para Dawi.

Discutieron una y otra vez, pero no pudieron ponerse de acuerdo.

Dawi decidió tratar otra cosa. La siguiente vez que Nawi colocó su cobija nocturna, él esperó hasta que ella estuviera dormida. Entonces él se metió a la canasta de costura de ella y sacó un alfiler grande.

"¡Esto me dará un poco de luz!", dijo él, y comenzó a hacer agujeros en la tela negra de Nawi. Cada vez que hacía un agujero, un pequeño rayo de luz pasaba por el mismo.

En poco tiempo, había agujeros por toda la cobija nocturna.

Pero Dawi aún no estaba satisfecho.

Capítulo 3
Un parche

"¡Yo todavía necesito más luz!", se dijo él. Tomó las tijeras gigantes de Nawi y cortó un círculo en la cobija nocturna. "¡Eso está mejor!", se dijo. Pronto se quedó dormido.

Poco tiempo después, Nawi despertó. Se puso furiosa cuando descubrió lo que

Dawi había hecho. Nada podía hacer ella para reparar los agujeritos, porque había demasiados. Pero tomó su aguja e hilo y lentamente comenzó a coser un parche que cubriera el agujero grande que Dawi había hecho.

El agujero grande se hacía cada vez más pequeño hasta desaparecer.

"¡Ah!", dijo Nawi. "Oscuridad de nuevo". Y se durmió.

Pero entonces despertó Dawi.

"¿Qué se hizo el agujero que dejaba pasar la luz?", dijo él. "Nawi debe haber hecho esto. ¡Pero pronto lo arreglaré!".

Tomó las tijeras de Nawi y comenzó a deshilar el parche que Nawi había cosido sobre el agujero. Lentamente el agujero se hizo cada vez más grande, hasta que se convirtió en un círculo completo otra vez.

"¡Eso está mejor!", dijo Dawi, y se acurrucó a dormir otra vez.

Y así sucede que los dos continúan

cosiendo y cortando hasta el día de hoy. Los agujeros que hizo Dawi se han convertido en nuestras estrellas. Brillan porque dejan pasar la luz que proviene del mundo detrás de la cobija nocturna de Nawi.

El agujero que Dawi cortó en la cobija nocturna es la luna. Cuando la luna se hace más pequeña, es porque Nawi, la gemela nocturna, está cosiendo el parche para que no pase la luz. Y cuando la luna se hace más grande, es porque Dawi, el gemelo diurno, está deshilando el parche de Nawi.

Claro está, que él no siempre logra quitar todos los hilos de Nawi. Es por eso que cuando miramos la luna, vemos algunos hilos grises del parche de Nawi que Dawi no ha deshilado.